Aquí[Ellas] en *Miami*

selección de poetas miamenses

na
gari
COLECCIÓN
péndulo

Aquí*[Ellas] en *Miami
selección de poetas miamenses
primera edición 2018

Editor General: Omar Villasana

Diseño de portada y maquetación: Omar Villasana

Imagen de portada:
"Bitácora #58" (detalle) Gloria MiládelaRoca

ISBN: 978-1732114432

katakana editores corp
Weston FL 33331
katakanaeditores@gmail.com

Aquí[Ellas] en *Miami*

selección de poetas miamenses

na
gari

COLECCIÓN
péndulo

katakana
editores

Índice

***Bitácora** #58 Técnica carboncillo sobre papel 42x74 pulgadas*
Gloria MiládelaRoca

Prólogo

Aquí[Ellas] en *Miami.*

Esta selección desea compartir las experiencias y pensamientos de veinticuatro mujeres acerca de la vida en la ciudad de Miami. En este conglomerado donde hacen vida muchas culturas y una misma lengua con acentos y modismos propios de cada región o país, se unen otras diferencias, el estilo particular en que cada una percibe, según su historia e individualidad, las vivencias de esta ciudad, las cuales armonizan en una unidad única: la poesía.
Con este denominador común, estas mujeres, coinciden en la palabra para definir su ciudad interior.

Aquí[Ellas] nos hablan sobre la nostalgia, el desamparo, el tiempo, el vacío, también la esperanza, el amor y la libertad. Recurren a la historia, la familia, a recuerdos que las han marcado, llegando éstos a ser asideros vitales.
La voz femenina se hace presente desde la visión particular de cada una de ellas. Algunos poemas nos muestran una cara de la ciudad que habitamos y que nos duele reconocer, mientras que en otros nos relatan la belleza de los paisajes y sus calles. También surgen aquellos lugares que han quedado en la memoria y que muchas veces quisieran volver a caminar.

Diferentes miradas, vivencias, nos pasean por versos y prosas concebidos con emotividad, muchos de ellos con la pasión por la vida y la maravilla que eso significa, bien sea como historia de triunfo o desilusión en la derrota.
¿Desaliento, conformidad, aceptación, trampa mortal? ¿Qué encierra esta ciudad en las voces de estas poetas?

9

Directa o indirectamente reflejan esa ansiedad de querer crear un vínculo de anclaje a algo que no les pertenece, pero que, por el hecho de cohabitar, deben asumir como propio.

Para comprender esta entelequia los invitamos a viajar por estas páginas, donde seguramente muchos se verán reflejados y sabrán entender y descubrir los procesos que se han dado al escribir todos estos versos.

Bitácora #66 Técnica carboncillo sobre papel 42x60 pulgadas
Gloria MiládelaRoca

Lourdes Vázquez
(Puerto Rico)

Payasos

Organicé una fiesta y llegó el bufonero. Apareció la gran dama en blanco y su cabello lustroso reposaba con una camelia pinchada en una hebilla elaborada en marfil. Una Vespa trajo a un rockero y a una niña con rizos Boticelli. Entre grandes buches de vino y enormes lagunas rojizas que los invitados evadían pirueteando cuerpos, bandejas y tragos, era ella el centro de atención. No hubo poetas esa noche, más bien un par de zánganas con el ombligo por fuera que se movían en pesados y afilados *stilettos* y reluciendo cual estrellas capturadas por algún terrorista. Un payaso triste y barbudo sonrió tímidamente detrás de un arbusto. Se me ocurrió en ese instante inventar el llanto. Un gran llanto que sustituyera la amargura penetrante de aquel paisaje. Yo solita inventé ese llanto. A nadie nunca se le ocurrió antes. Un llanto que extingue a pájaros que mal musican en la mañana o a las ratas que se instalan en las tuberías de los hogares. Un llanto para desgraciados que se agarran de Narciso y causan agobio a los payasos.

Hace poco

recibí una tarjeta postal y un paisaje playero se desbordó en mi sala con todo y palmas, gaviotas de mar, arena y bañistas. Un par de tiburones se distinguió en la cercanía. Me quedé quieta. Fija la mirada. No hubo temor o pánico. Solo respeto. Aletas fuera del agua. Sombra y silueta marcada a ras del líquido. Un chamaco con cámara de video metió sus piernas en el agua para tener una toma más dramática sin reflexionar en las consecuencias. La magnitud del espectáculo fue *in crescendo*. El hombre detrás del lente despertó las células sensoriales de aquellos monstruos, mas de forma insólita y en un gesto de elegancia los animales pretendieron no ver, no sentir, continuando su balanceo por el agua. Alguien miró a su vecino y los otros y todos nos inventaríamos unos a los otros, hasta que estuvimos seguros de que efectivamente continuábamos vivos y de una sola pieza al pie de la arena mojada.

Rosie Inguanzo
(Cuba)

Río Mayaimi

Dios inaugura la ciudad cada veinticuatro horas, brumálida*
y quieta. La boca de calle se ilumina a las seis, vertiéndose
en el agua. El río consume su historia desapacible, memoria
de rápidos; nativos tequestas lo amaron. Drena de la
espléndida ciénaga, desembocando exhausto sus 8.9
kilómetros en Brickell Point.
      El río no abre los ojos nunca
      bajo los párpados cerrados del agua
      el cristal negro carbonizado de sus pupilas.
El río Mayaimi está atrapado en alguna patraña impuesta
por los políticos. No arrastra nada. Flota allí una acacia
marchita. Canales hechos por el hombre lo hicieron ralo,
raquítico. No parece río ni parece nada. Los manatíes
oriundos de aquí están en peligro de extinción, propulsados
a una velocidad para la que no están hechos. Como el río,
son criaturas demasiado lentas y verduscas. Mueren en los
tropeles de los barcos cruceros, retenidos en redes de
desperdicios, aceitados por los maléficos barcos gigantes,
desangrados, desorientados en las comparsas flotantes,
embestidos por lanchas rápidas.
      Animales gordos y graves
      como niños ancianos abortados en el río.
Debajo de los edificios de cartón piedra que bordean el río
aquí, hay delitos ocultos, gente que va y hace cosas,

caníbales, fumadores de crack, desquiciados, niñas latinas sucias, fugadas y descalzas.

El río sobrevive a un paisaje que lo niega. Abraza agotado la ribera, las maderas podridas de los aparcaderos de botes, los restaurantes de mariscos traídos de los cayos, el jolgorio infeliz de las gentes. Y surgen casas soleadas construidas antaño, viejos edificios fantasmas sin ventanas ni puertas ya, blanqueadas por la luz, embarradas de barro y aceite de barco, calcinadas por el tiempo,

maquetas mohosas pintadas de blanco,
pintadas de algo que la luz devora.

El río enseña su fatiga. La oscuridad que brota de su fondo tropieza con la luz de arriba. La luz se detiene en la superficie del agua. La luz no puede penetrar el río. El río Mayaimi está hecho de oscuridad primero; su tiempo es luctuoso y lento.

****

*brumálida: que proviene de las brumas (inventé esta palabra)

Grullas blancas

A las siete de la tarde baja el sol por el suroeste
a las siete de la tarde su cara resplandece anaranjada
y sus ojos como dos gotas de ámbar líquido

hay grullas al borde de la calle que se alarga hasta los
                                        Everglades
y la luz las convierte en dibujos de acuarela
blancas y reposadas
miran los automóviles pasar

con las yemas en el cristal
ella las mira en detalle
y ellas la miran en conjunto
dice el rosa y el milagro
con la yema apunta una maraña de azules y amarillos
                                        en el horizonte

la luz se transforma a cada minuto
y ya luego no somos tan bellos
ungidos en la luz
luego en las sombras

rodando por el asfalto que se adentra en los manglares
en el transcurso de los días
espero con asiduidad su cara anaranjada
sus grullas blancas
y todo lo que perdemos en el ocaso.

Mia Leonin
(Estados Unidos de América)

Florida Story

One night, I mistook you for the sea
and fell in.

I dropped my kitchen utensils like two snakes
and left my village of dust.

I unhymned my mother's plans,
unbuckled her tangle-haired clan from my waist

and walked in the only direction, unbuttoning
every dress I'd ever worn, touching each hem for the last
                                                          time.

One night, I mistook the horizon for the shore
and stepped between the dark waters of your arms.

Among the waves, our limbs lost count
and we cleaved to the strongest part.

I was the slender bottle to your brain's dark ink,
receptor and receptacle of the message

gathered at the ocean's tip,
            the peninsula
                        of a new world.

Historia de la Florida

Una noche, te confundí con el mar
y me sumergí.

Dejé caer mis utensilios de cocina como dos serpientes
y abandoné mi aldea de polvo.

Deshonré los planes de mi madre,
desabroché de mi cinto su clan de pelo enmarañado

y caminé en la única dirección, desabotonando
cada vestido que alguna vez usé, tocando cada
                         dobladillo por última vez.

Una noche, confundí el horizonte con la orilla
me adentré en las aguas oscuras de tus brazos.

Entre las olas, nuestros miembros perdieron la cuenta
y nos aferramos a la parte más fuerte.

Yo era la botella esbelta de la tinta oscura de tu cerebro,
receptora y receptáculo del mensaje

recogida en la punta del océano,
          la península
                    de un nuevo mundo.

Ofrenda

(After the painting, *Travesía, 2006* by Nereida García Ferraz)

Yemayá, mother of all, dueña de todos los mares:
I trust your whirling skirts and rabia waves.
I trust your surfaces plácidas and your plummeting depths.

Yemayá, what if my offering is imperfect? What if I only
arrive at the bank of a river and not the sea? What if the
river turns out to be a canal and what if the canal turns out
to be a puddle I stomped through and what if the puddle is
just my cupped hands under a faucet and the faucet is just
me, a woman leaking a woman's fluids?

Yemayá, your altar swells into a sea garden.
Cowrie shells, blue glass, the echolocation of mar
and mar adentro.

Yemayá, what if I am
my only opening,
and what if opening
is my only offering?

Ofrenda

(Inspirado por la pintura, *Travesía, 2006*, de Nereida García Ferraz)

Yemayá, madre de todo, dueña de todos los mares:
Confío en el revuelo de tus sayas y en tus olas de rabia.
Confío en tus superficies plácidas y en tus profundidades
                                                    drásticas

Yemayá, ¿qué tal si me ofrenda es imperfecta? ¿Qué tal si
sólo llego a la orilla del río y no al mar?
¿Qué tal si el río resulta ser un canal y qué tal si el canal
resulta ser un charco que pisoteé y que solamente mis
manos como copas bajo una llave de agua y la llave soy sólo
yo, una mujer goteando líquidos de mujer?

Yemayá, tu altar se ensancha en un jardín de mar.
Conchas de cauri, cristal azul, ecolocalización de mar y mar
                                                    adentro.

Yemayá ¿qué tal si yo soy
mi única apertura
y si mi apertura
es mi única ofrenda?

Traducción de Rosa Verdeja y Patrick Shironshito

Kelly Martínez-Grandal
(Cuba)

Balsero

Todo está oscuro aquí.
Si no fuera por la bóveda celeste
pensaría
que me tragó la ballena.
Al menos Jonás estuvo tres días.

El mar es siempre lo mismo:
un manicomio de paredes azules
o negras.
He arrojado cuerpos al agua,
ese es el precio de irse.

Aquí no va a aparecer la Virgen.

Santa Cachita, Madre de Dios, ruega por nosotros
                                    los balseros,
los pecadores. Dime dónde está la orilla,
dónde termina la boca dentada.

No sé si estoy cerca.
No somos muchos sobre esta goma
y hemos perdido los nombres.
Tampoco hay pájaros.
Este estrecho es un cementerio,
tiene el largo de la mano de Dios.
A veces se duerme y nos deja caer.

Santa Cachita, Madre de Dios
¿dónde termina la boca dentada?
Ruega por nosotros, los pecadores.

Espero que no venga la tempestad,
no va a aparecer La Virgen.
Espero que la tempestad no me vuelque.
De todas formas prefiero morir
a regresar
al país espectro,
al país mentira,
a la vida sin vida.
Remo y rezo,
una letra de diferencia.

Detrás del horizonte está mi casa.
Detrás del horizonte una mujer,
su cuerpo tibio poblado de almejas;
las perlas, el sol.
He visto al sol hundirse muchas veces,
muchas veces.
Dice la luna que hoy no,

que hoy no voy a morirme.
Dice la luna que detrás del horizonte,
que reme y rece.
Aquí todo es soledad,
soledad y silencio,
ropa blanca para el día,
ropa negra para la noche
y si no fuera por las estrellas
pensaría
que me tragó un animal monstruoso,

deforme, bíblico.
Que no me agarren, Señor,
que no me regresen a no comer,
no pensar,
no decidir.
A ser un camarada, un compañero, un carnet de identidad
cuando debería ser un ciudadano, un individuo.

Aquí todo está oscuro,
es hermosa la noche.
No sé leer el mapa del cielo,
dame tu seña, estrella polar.
Santa Cachita, Madre de Dios,
ruega por nosotros, los balseros.

Dice la luna que hoy no,
que hoy no voy a morirme.

Boat people

A Michaelle Ascencio

Los trajeron en barcos, amarrados
como bestias.
Congos, creían que cuerpo y alma,
al morir,
regresaban juntos a la tierra de los ancestros;
para eso había que ser enterrado en el propio suelo.
Algunos se lanzaron al mar,
otros llegaron a Haití,
a la mordedura blanca.
No pudieron volver,
cuerpos sin casa que podían ser revividos,
esclavizados.

Luego vinieron los *boat people*,
miles de muertos en el estrecho de La Florida.

No te juntes con haitianos, no trabajes con haitianos, me
                                                    dijeron.
Pero una enfermera haitiana acuna a mi padre en *lopital*,
con ojos compasivos lo ayuda a morir.
Una enfermera haitiana.

Punto sin luz, parece que el terremoto quiere barrerlos.
Nadie va a los festivales en Pequeña Haití,
con el vudú no te metas.
Hollywood hace películas sobre zombies,
series sobre zombies
zombies sobre zombies
malísimos,

que se comen a la gente e infectan todo,
pero una enfermera le canta a mi padre en *lopital,*
con sus dientes enormes, sonrientes,
la bata blanca de Madame Brigitte,
lo ayuda a morir.
Pero no te juntes con haitianos, me dijeron, con zombies.
Los trajeron en barcos, amarrados
como bestias.

Odalys Interián
(Cuba)

Las ciudades se deshacen
y la tierra es una locomotora de polvo.
Sólo el poeta sabe casar este espacio.
Adonis

Habrá que demoler las raíces
que crecen
los desamparos.

Habrá que cortar el aire de un tajo
para no ser semilla.
Seguir esparcidos
rozando la agonía en su candor
de libertades.

Habrá que inventarse un nombre
y otra cabeza.
Volverse pájaro
andar ligero en el disparo abierto de la luz
en la estrechez agónica del sol.

Habrá que morirse
en un tramo tranquilo
lejos de la sal.
Inventarse el olvido
y otra memoria.

Habrá que aferrarse a esta ciudad
enfrentar la maldita circunstancia
del agua por todas partes.
Olvidar que la felicidad es un escombro
un rayo mitigado de la luz
empobreciendo las nostalgias.

Pálpame ciudad

la cal   /la sed   /el ojo náufrago.
Mi cabeza es una isla
en su tramo rocoso.
Hierbe la palabra
en sus gajos de sol
otra melancolía despojada de sombra.

Todo me fue robado
Luz y palabra   /cruz y fiebre
vértebra y llama.
Encima de la luz
como un animal doblado
me arrojan los vértigos
las cosas del silencio atraviesan
esta pared que se llena de noches.
La carne en su lustroso fruto
de soledades.

Ábreme ciudad
el corazón es drupa silvestre
cuando lo encuentra el viento.
Sigo fija en la espiga lavada de esa lluvia
un girasol borrado
palpa ese limbo donde envejezco
también la luz es cruel
y me arranca de un tajo la esperanza.

Hijos la soledad qué era

nos exhibía.
Yo era la luz
en su racimo maduro de silencio.
Perdida en su estertor
en sus libadas cicatrices.
qué sombra lejana el mar
qué escombro repartido sobre la isla.

Hijos estábamos y la ciudad
era un inútil laberinto
un aire marchito sobre las luces.
Y era la soledad
un tramo infiel de oscuridades
un largo silbido sobre los muertos
haciendo tintinear el fuego y las escarchas.

Hijos nos fascinó el abismo
la entera noche del corazón
en su espigada fábula.

Martha Daza
(Colombia)

Tierra prometida

La pólvora no llega
a celebrar el alba,
la pólvora no llega
en luces de bengala,
su reflejo de muerte
y de noche anunciada,
los enceguece a todos
quebrando la mirada,
los niños aterrados
no alcanzan a esquivarla
y quedan las esquirlas
en su piel calcinada.
Llueven bombas y bombas
en la ciudad sitiada
llueve fuego en la calle
y llueve en la ventana,
la lumbre despedaza
lo que antes abrigaba
y la muerte se toma
lo que ayer fue morada.
El resplandor retumba,
los oídos estallan,
los niños mutilados
con sus madres se apagan
y los hombres resisten

con sus hondas templadas,
aguardando el milagro
de la historia sagrada.

Exilios

 La pátina invisible
sostiene las palabras
el gesto sobrevive
al surco en la mirada
seguimos siendo niños
a pesar de la infamia
y el alma desolada
recorriendo la vida
que impune nos dispara
hiriéndonos de frente
en esta muerte larga
que al cabo
nos alcanza.

Ayer

"Los otros todos que nosotros somos..."
        Octavio Paz

Éramos muchos
y nos fuimos yendo,
a unos se los llevó
la muerte acariciándolos
entre sus garras
a otros los mató
el olvido y la distancia,
se fueron desgranando
con su vida a cuestas
con cada soledad
entre las manos
blandas.
Huyen los ojos
de los ojos
entre los vericuetos
de la vida
entre los andurriales
y las piedras,
entre la contundencia y
las palabras.
Éramos muchos
pero no era nada
ese tumulto
de un ayer lejano,
solo éramos
voces
con altisonancias

tan solo
los reflejos
oníricos de un desvarío
enorme
sobre el agua.
Éramos lluvia
en la piel
ceremonia sagrada
éramos fiesta
y cantar
éramos vida,
pero vino
la realidad
y nos mostró
la cara
y por eso
es que hoy
después de todo,
de sumar y restar
el ayer,
no somos
nada.

Susana Biondini
(Argentina)

Somos los inmigrantes

Retazos de mí
lloran en tus orillas
migajas de mis recuerdos
atracados en tu puerto
esquirlas de un pasado
que hasta aquí me trajeron
reunir los pedazos
comenzar de nuevo
fundar un futuro
tan lejos
con la sangre herida
del destierro.

John

Cuando te extraño
me ovillo y me comprimo
pliego mi cuerpo sobre el lecho
este cuerpo que no es mío
que ha quedado en la huida
tendido como el hambre
carente de energía

Yo lo miro desde el silencio
de tus párpados cerrados
hundidos en un hueco
oscuro como un pozo
abierto como un pozo
donde caés vos
luego yo
y la perra muerte
desde arriba
nos tira puñados de noche
de soledad
y asfixia.

Entonces regreso

envuelta en el sudor del sueño

rescato mi osamenta

tiendo las sábanas

mis palmas tienen tierra

mis ojos tu sonrisa

en mi cama yacen flores

Me miro desde adentro

es verdad

hay momentos que no puedo

con tu ausencia

Yosie Crespo
(Cuba)

Por esta ciudad pasaron
el interior de un hombre su casa
los días de sol en que pienso
sobre la vocación de altura de la rama
la gente del city tour
el ruido blanco de los jaicús
la llaga abierta como clave o señal
y el cristo pobre que no amaron
los compañeros de La República
los muebles rotos de la abuela se han guardado
después de tanto sillón de tanta muerte
y de todo lo que pudimos haber hecho
y después de todo lo que de hecho hicimos
y cada vez más lejos
ese algo dentro de mí que no podré jamás seguir
por esta ciudad pasa
hacia sitios de mayor altura
donde la vida confirma
o te deshace.

Hay un lugar que yo me sé
en este mundo, nada menos,
adonde nunca llegaremos
Cesar Vallejo

En las calles de Miami

no preguntan por ti
y hay árboles sin frutos
levantando el pavimento
frente al supermercado
se abren
como si la vida aquí no fuera
y con esa claridad de amanecer
que no admite misterio
pasan los días.
y si hay un punto de terror
en el acto elevado y sereno
de la espera
en estas calles está
en los afectos que emigraron
incluso de los viejos edificios
hacia otras calles confusas y grises
todavía hoy
signos estelares evocan tiempos
en que la sed fue medida
desde la condición de un faro rígido
y es el deseo que te nombra
en la cadencia final del día
y en el desplazamiento de las horas
esas que sobreviven en estas calles
sin nido y sin cadenas.

Geografía de lo que somos

*a Miami, un poema de
amor y de exilio*

Quiero lo que habita en tu nombre
sin entender qué es a quién ama
qué pozo hundido al fondo de la noche
no logra desatar el grito que en ruinas se levanta
portadora del nombre que me falta
eres más allá de lo existente
una utopía lejana donde se nutre mi bestia
y después de ti no queda fondo
y si te toco si destruyo de pronto tu recuerdo
y este volver, quizá de quienes huyen
antes de amar ese retorno y el temor de no haber sido
olvidarte sería, te lo he dicho, obsesionarme
no pudiera sonreír sabiendo que me faltas
y el ojo que mira preguntándose si es cierto
si aquello que se dibuja en los guijarros al rodar
cada vez es más polvo
y reducido al tiempo de una rama
he tratado de dejar a un lado la lanza
y la geografía de lo que somos
y el misterio de la forma y de las estrellas fuera de lugar
como si evitara el sendero de todos
imágenes que perdí absurdamente
a veces no hay memoria de ti ni ausencia de ti
sino angustia, miedo, ansia
sobre las sombras de nuestros grandes sueños.

Lizette Espinosa
(Cuba)

Liturgia

La ciudad se atavía de duelo
se escurre hacia las aguas.
Crece, se magnifica,
se vuelve abismo
ante los pies del hombre.
El sol lo lame todo, lo devora,
hace de la piel un puerto deseable.
La ciudad se viste de liturgia
se celebra y se sufre.

Rostros

En una humilde esquina
el juego de la luz imita la alegría
y convierte la cal
en un rostro que asoma.
Sale el perro a celebrar la lluvia
que llenará de estrellas su vasija.
El hombre se repliega en el rincón
donde la muerte se ha sentado
sin resuello
a esperar a que escampe.

Enumeraciones

Debería nombrarte las bondades

acariciar el pan

la sombra a tiempo

el espesor del muro en que me apoyo.

Debería también juntar

la vastedad del suelo

sin embargo me quiebro ante la usura

me alarma la vileza.

Hay calles que no cruzo

espejos donde nunca me veo reflejada.

Debería nombrar

los detalles que hacen mi vida memorable

sin embargo me hiere la indolencia

la música oscura del vecino

que levanta su mano contra mí.

Glenda Galán

(República Dominicana)

Resident

Miami no volvió a ser
el mall de caras alegres
y despreocupadas
que conocí como turista,

Miami se convirtió,
l
e
n
t
a
m
e
n
t
e
en el pantano

donde se hunden
los sueños
de miles de hispanos,
que esperan,
desde aquí,
llegar a Estados Unidos.

Ciudad de silicón,
candente sol
incapaz de derretir
viejas revoluciones.

Escuela llena de
niños argentinos,
venezolanos
cubanos,
colombianos,
brasileños,
dominicanos
y dos gringos.

Miami de todos y de nadie
flotando entre canales,
campos de golf
y lagos artificiales.

Set de filmación de Univisión
protagonistas tatuados
con salsa,
merengue
 y reguetón.

Desde el Palmetto,
los warehouses
saludan las prisas,
en el Turnpike,
los nortes
permanecen quemados.

Desde esta calle de Doral,
las vacas no dicen ni mu.

No,
Miami no volvió a ser el mismo
desde que saqué la residencia
y me robaron el carro.

Runaway tattoo

Traficada,
golpeada,
vejada,
un alma sin huesos.

Escombro de la noche,
con el que tropiezan
drug dealers,
maridos infieles,
solitarios,
infectados,
Sebastián y Scott.

La preferida de daddy,
piel marcada,
vendida,
usada.

Dos piezas de un pica pollo,
atravesando Biscayne Boulevard,
un diente roto,
 un ojo morao.

Vidrios tintados,
fluido de homeless,
luces
moteles.

Treinta dólares la hora
controlados por un celular,
rogando a un dios desconocido
cumplir la cuota para terminar.

La apestosa basura
que se pone en cuatro,
en cinco
o en seis contenedores
para ser triturada.

El sudor de papi
en la madrugada,
el silencio de mami
en la mañana,
traición,
disfunción.

La runaway del barrio,
mercancía de Atlanta,
de Chicago
y de otros tres estados.

La muchachita
que se chupa el dedo,
nombre tatuado,
sin ID, ni pasado.

Eso soy.

Teresa Cifuentes Plá

(Cuba)

Huellas

Desanuda el torzal
de mi cuerpo
el reptil.

Huellas
que dormitan mansas
en su cueva.

Sembré una higuera
para cristalizar
palabras.

Calla,
se despeina el higo,
en su espiga.
Soy
el fruto insepulto
que yace
en su madriguera.

El sastre

Bajo el tapete,
no sé qué filo
hirió mi mano,
ni que saeta la mirada...

Delineó el sastre el corte
bordando las cisuras
con sangre de mis dedos.

No sé qué estructura,
ni con qué moraleja la vistió.
Selló el sastre su estilo
para adornar de galas la seda
y por la pasarela,
la figura.

Ana Kika
(Cuba)

Tránsito vehicular

Debajo de la luz roja escribo un verso
Lo traigo hilvanado desde hace una milla
para garrapatearlo en el próximo semáforo
entre frenazos y virajes peligrosos
por no arrollar a un motociclista.

Afuera ruge el tráfico a ambos lados de la carrilera
mientras yo viajo tranquilamente dentro de mi cabeza
llena de pájaros, cocuyos y abejas que polinizan
los jardines donde crecen asustados mis poemas
sin fotutazos ni el adorno educado de una buena rima.

Mi cabeza llena de pajaritos

Arriba del ave todo es azul, navega entre cielo y cielo,
descansa en barrancos de montaña picoteando sombra de
nubes. Bebe un agua de altura y regresa a mi cabello mojado
de nieve.
En el leguaje secreto de sus huellas escribe historias de
plumas perdidas, de soles ardientes, de palomas
extraviadas en las corrientes del viento. Trae en el pico el
canto de su alma breve y se anida en mi cabeza habitada
siempre con pájaros de la misma especie.

Mi árbol viejo

Hoy mi viejo árbol casi seco
con el último esfuerzo de su verde
afianzó la raíz al tronco en el desierto,
lo cubrió con cáscara rugosa,
corteza astral de antiguas nieves
que resiste las mordidas del invierno
Aquí, donde único alumbran los recuerdos
y solo luz oscura habita en las pupilas,
llenó el árbol estanques de luceros,
con piedras brillantes amarradas
a la rota cabellera de huracanes

dormitando en el ramaje de los vientos.

Judith Ghashghaie
(Venezuela)

Paisaje

Este amanecer
de alas en un cielo de espuma
reclama, sin duda,
al verdiazul vaivén de mar
y un deslizar de pez
que escapa de la red
 o de la maldición del pescador.
Tengo que mencionar:
la brisa que trasfigura la palma en arco,
 su sombra;
las huellas de humanos y otras aves desconocidas.

En síntesis:
Hasta lo imperceptible del paisaje marino es mío
pero, uno de estos días, lo perderé.

Ja-ja caranda en Coral Gables

Nunca supe
si fui árbol convertido en mujer
o mujer transformada en árbol:
cuando llueve
los transeúntes dicen que huele a Coco Chanel No 5
y escuchan   carcajadas
salir de mi tronco

Mayaimi postcard

Cuando emprendas tu viaje a Miami
no encontrarás cíclopes en las playas,
pero quizás sí tendrás amenaza de huracanes.
En los pantanos verás   cocodrilos
cuyas carnes puedes hincar tus colmillos en restaurantes.
No olvides devorar moros y cristianos, sándwich
y café cubano en el Versalles.
Deléitate con arepa venezolana, paisa colombiano,
 docta empanada argentina, Ragú de carne haitiano...

Aquí, aunque tomes litros de ron o mojitos
 no vas a descubrir el tesoro de los emporios de Fenicia
pero sí bellas vestimentas, diseños de joyas y muebles
en los centros comerciales.

Cuando vengas de visita a Miami
contrata un tour terracuático con buses anfibios,
pide el recorrido largo, guía spanglish y el mapa de la caca.
En tu éxodo por tierra podrás admirar algunas
de nuestras ochocientas maravillas de la arquitectura Art
                                                    Deco:
Y cuando el guía, capitán y chofer imiten contigo el
                                    cua- cua de un pato

será momento de navegar la bahía poblada de celebridades
quienes poseen macarrónicas o minimalistas mansiones.

No dejes para última hora
comprar un tabaco o souvenir de Luis Brito;
la caminata de arte en Wynwood.
A lo mejor tu tour incluye una vuelta por el centro
                                        financiero Brickell;
Bayside Marketplace, Pérez Art Museum,
La Freedom Tower, American Airlines Arena...

Cuando camines por el corazón del Down Town
tu paquete turístico habrá terminado
estarás por tu cuenta y riesgo.
Allí procura que el camino sea   corto:
asegúrate no tropezar y despertar a los ciudadanos
que duermen en camas improvisadas sobre el pavimento
                                        grasoso,
porque Miami no es la Ítaca de Kavafis.

Maricel Mayor Marsán
(Cuba)

Soñar Miami con los ojos abiertos

A Leonardo Fernández Marcané, in memoriam

Muchos sueñan con llegar a esta orilla,

cabeza de playa, otrora ciudad dormida.

He podido soñar Miami con los ojos abiertos

con el encanto del que ve pasar ante su vista

la transformación de las oleadas de huérfanos,

la expansión de sus sombras y la vida misma.

Muchos sueñan con llegar a esta orilla,

cabeza de playa, otrora ciudad dormida.

He podido soportar por más de cuatro décadas

las sacudidas del mundo, esas que no pudieron

hacer mella en mí. He visto siluetas cambiadas

donde yacía la esperanza que gigantes cobraron.

Muchos sueñan con llegar a esta orilla,

cabeza de playa, otrora ciudad dormida.

Latinos del sur de la Florida

A Mónica Prandi

Me considero una experta en acentos.

Tan solo tengo que escuchar las voces

que me rodean en las calles,

los comercios,

       los colegios,

          los trabajos,

los hospitales,

       los bancos,

          los parques

       y cualquier resquicio en el aire.

Todos conviven

       en la antigua ciudad dormitorio

y en otras muchas ciudades anexas.

Tantas historias y vivencias nos seducen

con sus alforjas y variedad de criterios.

Una verdadera cacerola donde vierten

       del español sus múltiples versiones.

Coconut Grove

"Dadme el espléndido sol silente..."
Hojas de hierba – Walt Whitman

Me pierdo en un pequeño entramado urbano

y recorro las mismas calles de siempre

con su apariencia del Village neoyorquino,

casi europeo y de pretensiones bohemias,

con sus locales caros y muy a la moda.

En su mayoría, los rostros que se pasean

      o se solean

        en los cafés al aire libre

responden a un idioma

      que ya pocos hablan en la ciudad.

Me gusta escuchar sus voces

    y reafirmar que todavía habito en Miami.

Alejandra Ferrazza
(Argentina)

I

Miami
ciudad soleada
de-construiste mi vida
bajo un mar abierto
con oleaje de nostalgia
y calles ausentes

detuviste mi reloj
en añoranza
de la ciudad que había dejado
y que apenas estaba descubriendo

lentamente
arrullada por tu canto
me acunaste en tu sopor
y me quedé dormida

II

descubro
la sal-obre-sol-edad de tu playa
tus aguas paren

llegan voces
asimilo discrepancias
hasta el agrado

disfruto tu alienación

son irrelevantes
la angustia
la carencia
            el conflicto

me rindo ante
la posibilidad infinita
que gobierna tus calles
            y la desolación

cuando encuentro el nicho de los versos
y un azul que se expande

III

nuevas voces retumban
contra los cristales

hay multitud
pero aún me siento sola
ese vacío inexplicable
                    nostalgia
la ciudad se agita
me despierta
                    el sopor se extingue
Miami inexorablemente
me devora

IV

estoy aquí
a tantas luces de distancia
de cualquier otra parte del mundo
en esta finalmente mi ciudad
acorralada por sus controversias
disfrutando ahora a cada paso
                              la desigualdad
entrenada a paladear sus sabores:
tostones arepas platanitos guayaba
gallo pinto nacatamal vigorón
pan de bono ajiaco pipitoria
pozole mole enchiladas
burritos tamales tacos
pastelón mangú mofongo

todos ellos
me regalan libras no kilos
no recorro kilómetros sino millas
no hago citas sino *appointments*

después de tanto ir y venir
prefiero tu cielo
a otras latitudes

hago mías
todas las palabras aprendidas
y me abrazo al escándalo
de tantos rostros

fuimos cambiando
      hemos hecho las paces
          acortado distancias
hoy la marea nos mece al mismo ritmo
y ahora sí
     tu sal
ha conjugado con mi piel

Ximena Gómez
(Colombia)

Apagón

La noche del huracán
Me despertó el sonido
De lluvia en los cristales.
Tú dormías frente al ventanal
Azotado por el viento y el agua.
Yo frente al hueco oscuro del closet.
La luz azul del radio se había ido.
Había un apagón en los alrededores.
Como homínidos asustados
Porque una tormenta había apagado
Nuestra fogata en un chamizo seco,
Nos dimos la vuelta en la oscuridad.
Entre sábanas hablamos en susurros.
Me fijé en tu cabeza sobre mi axila.
En tu pelo gris creí ver el resplandor
Que aún había en el cielo.
Con esa luz escasa
Me dormí.

Ternura

Doce patos echados en la hierba
Otros en diagonal hacia el cercado.
La casa ya evacuada, en silencio.
La madera apilada en el jardín.
Faroles en el camino de la entrada.
La hamaca aún, la cicla ya no está.
Contenedores de basura huecos.
Vasos de yogurt, latas en la hierba.
Plástico en las ventanas apagadas.
Lagartija arqueada en la pared.
Un indigente yace bocarriba
Su perro, amarrado muy cerquita,
Le lame las mejillas, las orejas.
Soy esa perra que te lamía el cuello
Anoche mientras te dormías.

Huracán

Me gustaría que hubieras visto esa familia de patos en la
                                                        yerba,
Cerca a los apartamentos, al olor rancio de la bahía.

El macho grande y negro miraba alrededor, nervioso.
Justo cuando llegué, la hembra regordeta abrió las alas
                                                        cariñosas.

Sus hijos picoteaban entre hojas de pasto amarillento.
Por tres días habían anunciado la llegada de un huracán
                                                        enorme.

Los patos se veían inquietos, algo flotaba entre los
                                                        matorrales.
Los paticos distraídos buscaban bichos, gusanos en la tierra.

El huracán llegó al amanecer. Los patos se habían ido.
Creo que escuché graznidos, batir de ala frenético.

Los patos vivían en campo abierto, su casa era la hierba.
El vendaval tal vez los arrastró lejos.

El padre, quizás, huyó graznando, perdido, y la madre
Buscó a sus hijos entre lodo y árboles derribados.

Esos patos me hicieron recordarte cuando vivías allá,

En la casa pequeña junto al río,

Cálida, compacta, de ladrillo, pero tenías miedo cuando

llovía,

Como un pato indefenso a la intemperie.

Ahora ya no te asustan ni el viento, ni la lluvia.

El huracán no llega hasta tu cofre de cenizas.

Ena Columbié
(Cuba)

Lo viví

Que no me digan   que no me cuenten.
Yo comí de la mano de un *homless* griego
que se enamoró de South Beach y su Coca.
Argus era un dios mitológico
con cabellos y ojos vastos
pero de tantos pinchazos
se le cayeron los dientes.
Lo mataron frente a la casa de Josecuba
en la Avenida Jefferson.
Yo lo vi con los sesos en la acera
y las cuencas de los ojos vacías.
A mí que no me cuenten.
He dormido en los portales fríos
de casas abandonadas
por dueños y bancos.
Me tapaba con periódicos leídos
en busca del fondo para un poema
y conciliaba el sueño escuchando
melodías escapadas.

Rogué amparo a Dios

para consumar mi purga

y cuando llegaba el día

iba por pan a la basura.

Que no me digan.

Caminé con gente equivocada

para huir de los problemas.   Mentí.

Mentí y he seguido mintiendo

y miento ahora que omito

por resentimiento y vergüenza

por temor a responsabilizar a la vida

de todos mis horrores.

Yo lo viví primero en aquella isla

que se autodestruye como yo.

Allí aprendí que la esperanza es mierda

y que nada está al alcance de la mano.

Allí robé   robamos todos

ellos nos robaron

nosotros les robamos

y los que vengan robarán.

Es el karma.

Allí conocí las celdas   los escondites

la palabra baja y murmurante

el miedo que enfría

la casa astillada y una lata como vaso

el hambre   la traición   la descalcez
la calle ardiente y el pie pegado al asfalto
en medio de un calor irascible.
También conocí a Nina
 a los Beatles y a la Joplin
 ellos me calmaban.
Ahora vago sin detenerme
persigo la noche para conseguir
recuerdos que comienzan a esconderse.
Monto en lanchas y me alejo de la bahía
para ver las luces desde lejos
para saber dónde pongo los pies.
Cuando el viento es blando
me desnudo y me muevo suave
con melodías que invento
a ritmo de velero
frente a las luces de la ciudad.
Eso es bueno
aunque no logre evitar tanta tristeza.

Alhambra Circle 140

Llegó el poeta Juan Ramón
lo reciben en el puerto.
Se ha quedado sin patria
con nostalgias y sin sus versos.
El maestro de poetas
se atormenta con el drama
se anega de marismas   se escarcha
se empantana   se sumerge
El mar otra vez, el mar conmigo.
dice el poeta de Moguer
y se abraza a la Florida.
Sus páginas se llenan de jardines
de espejismos y nombres conocidos
de árboles metamórficos
fatigados por el sol y los espasmos.
Es Coral Gables la fermosa
con manzanas arbóreas excitantes
que recrea en los romances el poeta.
intensos alborotos que trasmuta
en canción desbocada a *solisombra.*
Paredes blancas en su cobijo
tejas amarronadas por el viento
y en el verdecino césped
dos palmas enredadas
que trepan los peldaños
bajo los nuevos pasos.

Legna Rodríguez
(Cuba)

Puta espía Miccosukee

Mientras más me miro al espejo
Más me parezco a una espía
Es lo que dicen de mí
Aquí en el sur.

Dicen que soy una espía
De la revolución
Y yo les pregunto de cuál revolución
Porque eso sería lo más importante
En este caso.

También me parezco
A una india
De la tribu miccosukee
Por los aros que llevo en la nariz
Y los tatuajes que llevo
En el pensamiento
Es lo que dicen
Aquí en el sur.

Además parezco
Según malas lenguas
Sureñas
Una puta rara
Lo cual empezaré a disimular
Pues mi abuela miccosukee
Se ofendería mucho.

El mapa de las lágrimas del sur de la Florida

Lloré en la discoteca.

(10777 W Flagler St)

Lloré en la librería.

(219 Miracle Mile)

Lloré en los inodoros del Hospital Baptist.

(8900 N Kendall Dr)

Lloré en la Thrift Store, probándome una falda.

(9760 SW 8th St)

Lloré en Trader José, cervezas mexicanas.

(9205 S Dixie Hwy)

Lloré frente a la playa, a donde van los perros.

(3301 Rickenbacker Cswy)

Lloré en Pasión del Cielo junto a Reina María.

(100 Giralda Ave)

Se me salió una lágrima en Ikea.

(1801 NW 117th Ave)

Se me salieron varias en una farmacia de Little Havana.

(1177 SW 8th St)

No pude consolarme en el Museo Pérez.

(1103 Biscayne Blvd)

Llorar en el Distrito de Diseño, con rabia.

(167 NW 23rd St)

Llorar con rabia.

Llorar con camarones en el plato de yeso.

(1201 E Ponce de Leon Blvd)

Llorar con arugula y lechuga romana.

(8621 Coral way)

Llorar sobre los libros que confiscó la aduana.

Echar los lagrimones en la calle.

Echar todas las lágrimas.

Llorar en Western Union.

(2345 W 52nd St)

Seguir llorando en baños.

Las mujeres sí lloran.

Louise Glück soñaba

Tuve una abuela tocaya de Louise Glück.
Pero en español.
Y esa también soñaba.

Muchas veces me llamó en sueños y yo acudí.
Cuando una abuela llama, acudir es lo menos que puedes
hacer.
Aunque en la vida real cuando me llamó no lo hice.

Tal vez estaba lejos.

Me queda la duda de cuál vida sigo.
Si la real o la del sueño.

Cada vez que me despierto
estoy tirándole piedras a las puertas de cristal del Dolphin
Mall.
Luego viene un policía a pedirme documentos.

Pero el policía no cree que Averno,
Un libro de Louise Glück que siempre cargo en mi mochila
Sea ningún documento de identidad.

María Juliana Villafañe
(Puerto Rico)

Tu ausencia

Las imágenes de tu ser
me iluminan

irrumpen mis espacios

te presiento cerca
   obsesión de tenerte
cuando estás lejos.

En esta noche en que te pienso

se hace nuevo el lenguaje
aprendido en tu piel

invento nuevas maneras
de amar
      con fuerza incontenible

tu recuerdo excita mi ansiedad
para albergar tu ausencia.

Lluvia

Lluvia
me gusta el sonido
cuando cae

hace sentir
que aún estamos vivos
        porque habito
una región que no agradece
su fruto

no escucha el lamento
de su furia Implacable.

Un día se sentirá
en nuestro patio miamense
 cuando
invadan las aguas
sus canales

se llenen las calles
avenidas
casas
parques
de lluvia y de mar

salgan lagartos
   serpientes
      iguanas
a reclamar su territorio invadido.

Sus "Everglades"
hoy rascacielos millonarios
miran ese atlántico

mientras él
      lentamente
les besa los pies.

Sagrado silencio

En la soledad de mi alcoba
casi al despuntar la mañana
invadida por el insomnio
me fui a caminar
los senderos de Machu Pichu.

Respiraba el aire fresco
casi helado de las montañas
caminé laberintos
nada alejaba la armonía
se despertó mi cuerpo
agudizando los sentidos
traspasaba la barrera del tiempo.

Cuando se acercaba
apenas me rozó sentí su aliento.

Se apoderó de mi cuerpo
un olor a piel
    reconocida
  un temblor convulso
un grito ancestral
mientras las aguas del cielo
se derramaban
e irrumpían el sagrado silencio.

Gloria MiládelaRoca
(Venezuela)

Pleamar

la noche cargada de mil luceros
alumbra un barco en su proa
una sensación cansada de silencio
impide su partida
la brisa que despide la nave
exige su turno
                    impaciente

allí se ve como caminan los marinos
                voces quietas
todo se palpa en la desvelada
en la negrura de sus fantasías

olas abrazadas en la arena
adheridas piel a piel
deseosas de mantener gemelitud
se miran frente al agua
en la humedad callada
predicen su despedida
en entristecido acuerdo

recorren la orilla de la frontera
implorando que las horas se prolonguen
en medio de la resaca
volverán a encontrar una corriente
que ponga irremediablemente todo en su lugar

Callejuela

bajo la sombra de su hora
divisa un abrazo
anestesiada por el deseo
su espalda hambrienta
        se recuesta

escurre su codicia
manos herejes piel de faena
        cuerpo en celo
noche de alianza
labios vencidos que intimidan
el silencio alimenta una tempestad

su laberinto de carnes
deja árida la razón
revientan aguas
se esparce el tiempo

la consciencia muda
deshabitada
recorre las paredes grises de la noche

este cielo mío enredado de penumbra
se va desplomando ante las horas que te esperan

la noche entristecida que has dejado
no intenta sustituirte
                           y no es tu cuerpo lo que quiero
es lo que queda de ti
luego de haber sido una existencia

esta noche yo te espero
con la misma ausencia que se siente en el camino
en la luz que se refleja
en esas manos que viajaban por mi cuerpo
en el anochecer donde vivimos

vuelvo a ver danzar el sueño de tus manos
como un silencio que pasa frente a mí
en la espalda del olvido

Pilar Vélez
(Colombia)

Amanece

Ciudad que te levantas
sedienta de mis sueños
colgué montañas en tus muros
y remolinos de papel
en tu fuente prohibida
Escribí mi nombre
en tus pieles

Abandoné mi abandono
aprendí tu paso
ebria de espejismo

Esta es mi parada
la sombra que huye
de los días repetidos
Enséñame hoy
la calle torcida
el monte virgen
que escondes
hazme cauce en tu río
trazo vivo
acuarela en tu paisaje.

Calle vacía

No queda nadie
ni los perros
nos dejaron solos
mirándonos
acusando
ojos ausentes
y el pensamiento zurcido
se refugia en el juego
empalagoso de las manos
Sin sombras
se quedó tu zaguán
Tú y yo
contando grietas
desde el balcón
rompiéndonos
con su lento crujido
esperando la nada
la caricia del aire
que ata y desata
lo invisible
Ni una sórdida palabra
cruza este sendero.

Yo que no sé de arrullos

ni de cantos de cuna
encadeno sonidos
y tejo un popurrí
para la niña del pez
para la que vende en las calles
para la que juega inocente
con muñecas de piedra
Yo que no sé de arrullos
ni de cantos de cuna
custodio el horizonte
que les pertenece
Voy con el lápiz
a escribir sus sueños
llevo el mar y las campanas
la fiesta del bosque
cosen mis labios su bandera
Yo que no sé de arrullos
ni de cantos de cuna
reclamo para ellas
el presente y su mañana.

Beatriz Mendoza
(Colombia)

Bajo tu sombra
Amarillo el cielo

Árbol de mi niñez
Floreces de otro tono

Ahora te necesito
Ahí quieto

Entre tus ramas
tejes una alfombra
dorada y parda

Me regalas no una
sino dos de tus hijas

Flores
sin aroma
que se marchitan

Bajo tu sombra
Árbol
Estoy quieta

La Salida

Tratando de entenderte
me perdí en tu mundo
y encontrar la salida
no fue fácil.

Tuve que escaparme
a una tierra extraña
y exiliar tus caricias,
tus recuerdos.

Perdida en la ciudad
vagué en patines
haciendo amigos
entrañables.

Viví a plenitud
sin tu presencia
haciendo mía
cada fiesta.

Pasaron noches,
llené diarios,
llevé a mi cama
amantes varios.

Pasó la rumba,
ordené la casa
y me senté a esperar
a tu reemplazo.

Llegó en cambio
una muchacha.
Apenas pude verla
de reojo.

Atrevida y distante
se instaló en mi mundo,
compartimos el silencio,
los zapatos.

Como una buena amiga
me hizo compañía
y lloré en su hombro
tu último abandono.

Entonces, de la nada,
un día amaneció
Y ahí lo hallé:
Un hombre
con sus ojos azules
me miraba.

Lidia Elena Caraballo
(Cuba)

Paraíso

Todo naufraga su peso.
Hugo Mujica

En la noche sin luna
ha nacido la flor

junto a la hierba y al rocío
una serpiente azul surca el jardín,
apenas un pétalo es mordido
y se abalanza
al reino de lo incierto
al reino del frenesí
de la locura
al reino de la muerte
y su oscura sabiduría.

este es el paraíso
esta su serpiente
y su flor,

      todo sucumbe
      incluso la verdad
      a su momento
      todo se vuelve hueso y tierra,
      hierba encendida por un sol dorado.

cataclismo es la flor en su simple belleza
agua es la serpiente deslizándose
por la línea infinita del olvido.

Respiración

Perdura
un sabor a canela y cardamomo,
leve movimiento del color herido
agazapado entre sábanas,
ríos que buscan su cauce
y forman recodos
tan vastos como la planicie de la espalda,
ahora inerte.

Inhala
arritmia de universo
que palpita
y se agranda
en espiral
hasta el centauro del cuello.

Ojos rodeados por una vía láctea de lunas,
pestañas que esbozan rituales mínimos
desvelo prolongando
el descenso
hasta la boca.

Exhala,
vértigo de marea
la lengua
adentra su precisión de espada
y comparte
un último hálito
manantial.

Everglades

Río de hierba,
su amapola de luz
total silencio.

Miami:

las raíces aquí
son aéreas.

La flor estival

es al verano
lo que yo soy
para la eternidad.

Rubí Arana
(Nicaragua)

Muchacho Azul

A punto de sonido la primera luz.
Pregunta mi pequeño: —¿Por qué? —
abriendo inmensos ojos verdes. —Amor, antes que tú
era yo— y así sucesivamente hasta llegar
al cielo estrenado, saber alguna cosa parecida
a Ti, a la luz. . .

Se va corriendo entre árboles grandes —húmedos
en verde ardiendo—
a mirar la bahía que refleja brillante y violenta
un cielo de nubes mansas.
Los barcos que pasan van pasando en sus ojos
como chispas de música como ideas como luciérnagas. . .

aviones lentos cruzando un firmamento.

Si voy a una flor o al ruido de la lluvia
o a la plata bruñida de la noche

va él siempre como la cola del cometa
un potrillo brincando a la luna

la luna en las aguas como un naufragio.

En el mundo de asombro su gruesa voz
        de niño bello grita: —¿Cuántas estrellas
tiene la noche? ¡¡¡Mamá!!! ¿Por qué la luna
no tiene patas ni brazos ni pelo?. . .

Insólito habla Poesía inocencia locura.
Al héroe que ama es Superman.

Yo solo tengo su risa a veces a orillas del río
        suena como el agua /
su olor de pájaro venido del Sol.

Esta lámpara de su cuarto los peluches la pelota
        la noche en el aire
en sus ojos en mis ojos
        entre mi cuaderno de notas profundas
su luz —la vida de una lámpara—

durante nuestras conversaciones pestañea

      indagaciones al Infinito

detrás de lo azul la sombra encendida. Y cerrada.

Energía, pulsación cósmica

este mi pequeño universo que mira. Y

me bendice.

Un tallo de sonido

*(A la ciudad de Catarina
en su Festival de Poetas)*

Los ojos de los charcos los habita la luna

no hay héroes sino madres de corazones rotos
el cáliz en las manos de los alfareros
es dolor en las manos y piedra ensangrentada
los ojos de los charcos los habita la luna
Desde la piedra blanda en dolor la arcilla
la cabellera del aire barre por sus lugares
y la luna es la magia la diosa o la muerte
Los ojos de los charcos los habita la luna

En los ojos del gato las luces del relámpago
su luz hecha instante y todos
los gatos de la ciudad encienden sus ojos para
iluminar la ciudad a ellos los habita el enigma
un vino espeso
Los ojos de los charcos los habita la luna
Por los solares en el radiante día el sol
rueda de su centro su círculo
en su punto del color oscuro ahí mismo
Los ojos de los charcos los habita la luna

Gira gira girasol

tu cetro centella tu parte del círculo

su cuerpo abierto una gran luna llena como la

tierra

Los ojos de los charcos los habita la luna

Cuando del cosmos baja la noche ejerciendo

sombras su temblor de agua y estrella

Los ojos de los charcos los habita la luna

La ciudad y los mártires no hay héroes solo

muertes

por un rayo de luna bajan las almas de los

muertos

Los ojos de los charcos los habita la luna

Poetas lanzan pétalos iluminados

a ras de las piedras a ras del viento iluminado

la innumerable rosa iluminada

de un tallo de sonido se deshoja

Los ojos de los charcos los habita la luna.

Sobre las poetas

Bitácora #23 *Técnica carboncillo sobre papel 40x26 pulgadas*

Gloria MiládelaRoca

Lourdes Vázquez (PR) Entre sus premios se incluye el Juan Rulfo de Cuentos (Francia); Mención de Honor Paz Prize for Poetry (USA) por *Un enigma esas muñecas* y Mención de Honor a su antología de poesía *Bestiary: Selected Poems 1986-1997*. Una selección de su poesía ha sido publicada en italiano: *Appunti dalla Terra Frammentata,* así como su crónica *The Tango Files. Adagio con fugas y ciertos afectos* es su último libro de cuentos.

Rosie Inguanzo: Actriz, escritora, profesora. Nació en La Habana, Cuba. En Miami, Florida, donde reside desde 1985, ha cultivado una trayectoria en el teatro. *Deseo de donde se era* (Nos y otros Editores, Madrid: 2001), es su primer libro de poesía. Doctorada en Español y Literatura Iberoamericana por la Florida International University, ejerce el profesorado. A Rosie puede vérsele caracterizando a su alter ego Eslinda Cifuentes, en los *performances* que realiza junto al violinista y compositor Alfredo Triff.

113

Mia Leonin is the author of the memoir, *Havana and Other Missing Fathers* (University of Arizona Press) and three collections of poetry published by Anhinga Press: *Braid, Unraveling the Bed,* and most recently, *Chance Born*. A book-length poem, *Fable of the Paddle Sack Child* will be published by BkMk Press in early 2017. Leonin's poetry has been published in *New Letters, Guernica, Prairie Schooner, Alaska Quarterly Review, Indiana Review, Witness, River Styx, Chelsea,* and others. Leonin has been awarded fellowships from the State of Florida Department of Cultural Affairs and grants from the Barbara Deming Memorial Fund. She teaches creative writing at the University of Miami in Coral Gables, Florida.

Kelly Martínez-Grandal (La Habana, 1980) es escritora, editora y curadora de fotografía. Fue profesora de la Universidad Central de Venezuela, país donde vivió por veinte años.

Ha recibido varios premios a la investigación literaria y ha participado en varias antologías poéticas. En el 2017 publicó su primer poemario *Medulla Oblongata* con CAAW Ediciones.

Actualmente reside en Miami, donde trabaja como asesora de proyectos editoriales y culturales.

Odalys Interián (La Habana 1968) Poeta, narradora y crítica. Presidenta y editora de Lyrics & Poetry Editions y miembro de AIPEH Miami (Asociación Internacional de Poetas y Escritores Hispanos). Columnista en la revista poetasyescritoresmiami.com, en la sección: Universo poético. Instructora del Taller de Creación Poética del Centro de Instrucción para la Literatura y el Arte. Tiene varios libros publicados, ***Respiro Invariable*** (Extramuros, 2008), participo en las antologías: ***Espacio Mínimo*** (Extramuros 2009) y ***Nacieron en La Habana*** (Sur Editores, Ecuador 2009). ***Ese mar que me vence*** (Snow fountain 2014). Recopiladora de la antología ***Equilibrios contrarios*** (Snow Fountain, 2015). ***Atráeme Contigo*** con el poeta mexicano Germán Rizo (Espiral Publishing, 2017). Obtuvo premio en el concurso La Nota Latina, en la categoría cuento (2013). Premio en el prestigioso Concurso Internacional de poesía Facundo Cabral (2013). Segundo premio en el concurso de cuento La nota Latina (2016). Primera mención en el I Certamen Internacional de Poesía Luis Alberto Ambroggio 2017. Cuarto lugar en el concurso *Cuéntale tu cuento a la nota latina 2017*. Primer premio en el concurso de Poesía de Miami: *"Hacer arte con palabras" 2017*. Colabora con artículos para las revistas, Metaforologia y Nagari. Tiene cuentos publicados en las Antologías: ***Todos contamos*** (Snow Fountain, 2016), ***Historias que cuentan*** (Snow Fountain, 2017). Recientemente ha publicado los libros: ***Salmo y Blues*** (Espiral Publishing, 2017) y ***Sin que te brille Dios*** (Lyrics & Poetry Editions 2017), y el libro de ensayos: ***Acercamiento a la poesía*** (Lyrics & Poetry Editions 2018). Tiene una novela en proceso de edición *Parada Salvaje* y un libro inédito de cuentos.

Martha Daza, nacida en Bogotá Colombia ha estado dedicada durante los últimos años a la corrección, edición y escritura de variados textos. Su primer libro; *Cuento poema de la permanencia*, poesía y prosa. *Tatuajes en el Iris*, 2016, cuentos cortos y monólogos. Ha participado en diversas antologías como *Letras en la Diáspora*, *Cuentos 'Celestos'*, 20 Narradores Colombianos en USA. Sus escritos han sido publicados en diversos medios a través del mundo.

Susana Biondini, argentina, poeta, cuentista y novelista. Su primer libro *Aymara* de poesía y cuentos, fue publicado por Dorado Perú en 9/2015. En el 2016 publicó la obra de teatro *Bohemia*, estrenada en Artefactus el mismo año. Su novela *Avatares* está en impresión en la editorial Caligrama, España. Saldrá a la venta en Junio/2018.
Integrante del grupo *Aunarte* entre los años 1981 a 1986; *La sociedad de los poetas vivos* 1987-1993. *Actors' Arena* 2013-2017.

Yosie Crespo (Cuba/EEUU, 1979). Es una poeta y narradora que piensa en inglés y escribe en español, textos en los cuales se encuentran las culturas cubana y anglosajona en un terreno que nunca es neutral. Se interesa por la relación dentro del poema de aquellos elementos que hacen hablar a un yo distinto del escritor que asume el texto. Tiene publicados *Solárium* (Ediciones Baquiana, Miami, 2011), *La ruta del pájaro sobre mi cabeza* (Ediciones Torremozas, España, 2013) y *Caravana* (Editorial Letras Cubanas, Cuba 2017). Reside en Miami desde los diez años.

Lizette Espinosa: La Habana, Cuba, (1969). Autora de los poemarios: *Pas de Deux*, (Co-autora) (Miami, 2012), ganador del International Latino Book Awards 2014 en la categoría de poesía escrita por varios autores; *Donde se quiebra la luz*, (Miami, 2015); *Rituales* (Co-autora), (Miami, 2016) y *Por la ruta del agua*, (Ecuador, 2017). Su obra aparece en antologías de poesía latinoamericana y revistas literarias dentro y fuera de los Estados Unidos.

Glenda Galán. Escritora y periodista dominicana radicada en Miami. Realizó una Licenciatura en Comunicación Publicitaria de la Universidad Iberoamericana (UNIBE), Diploma en Periodismo de University of Miami (KC) y Maestría en Literatura Española e Hispanoamericana de la Universidad de Barcelona. Ha trabajado como periodista y productora en América TeVe y actualmente es directora de la Revista Cultural Dominicana en Miami. Premio Emmy (2011) como Productora y nominación a Premio Emmy (2011) como Guionista. Ha Publicado: *Mar de fugas* (2011), Guayabas *y fresas* (2012), Tsunami (2014) y Ventanas (2018).

Teresa Cifuentes Plá nace un cinco de noviembre en La Habana, Cuba. Se gradúa en la Escuela Normal para Maestros. Sus versos han sido publicados por la revista literaria virtual Oriflama, Madrid, España y en la Revista Nagari (No 2) y (No 3) Miami, FL. Presentó su poemario *Una hoja en el tiempo* en la actividad "Tinta Fresca" de la 26 Feria Inter-nacional del libro de Miami 2009.
Tres de sus cuentos de su libro EL PESO DE UNA VIDA, han sido puestos en escena, a través de monólogos y obras de teatro.

Ana Kika López, escritora y pintora cubanoamericana. Reside en Miami, Florida.

Graduada en Letras en la Universidad de La Habana y Rutgers University en New Brunswick.

Ha publicado 9 libros entre novelas, cuentos y poesía. Su trabajo literario ha sido publicado en varias Antologías y revistas de Arte en España, México, Argentina y Estados Unidos.

Judith H. Ghashghaie . Nació en Caracas; reside en Miami. Se graduó en Literatura en la Escuela de Letras de la Universidad Central de Venezuela, y de Artes Plásticas en el Instituto Universitario Pedagógico de Caracas. En 1992 finalizó un Postgrado en Educación para niños Superdotados en Oklahoma City University. Ha colaborado con reseñas, artículos, poemas, ensayos, dibujos y fotos en libros y publicaciones periódicas. Asimismo, ha mostrado su obra plástica en museos y galerías en diferentes países.

Maricel Mayor Marsán nació en Santiago de Cuba (1952). Es poeta, narradora, dramaturga, ensayista, editora, crítica literaria, traductora, profesora, directora de la Revista Literaria Baquiana (baquiana.com), miembro numerario de la Academia Norteamericana de la Lengua Española (ANLE) y miembro correspondiente de la Real Academia Española (RAE) y de la Academia Venezolana de la Lengua (AVL). Ha publicado más de veinte libros en diversos géneros literarios y sus textos han aparecido en diversos medios de prensa, así como en antologías y revistas especializadas en América Latina, Europa y el Medio Oriente. Sus libros más recientes de poesía son: *Rumores de Suburbios* (2009) y *Miami / poemas de la ciudad – poems of the city* (2015). En teatro: *Trilogía de Teatro Breve* (2012) y *Las Tocayas* (2013). En la categoría de ensayos, notas y reseñas: *Crónicas Hispanounidenses* (2014). Su obra ha sido traducida parcialmente al chino, inglés, italiano y sueco. En el año 2010 fue seleccionada entre los 100 latinos más destacados de la ciudad de Miami por su labor cultural. Para más información acerca de la autora puede consultar su sitio oficial en la Red: www.maricelmayormarsan.com

Alejandra Ferrazza, nació en Buenos Aires, Argentina. Actualmente reside en Miami. Cofundadora y Presidente de Proyecto Setra, Inc. (organización sin fines de lucro dedicada a promover el arte y la literatura) y Directora General y cofundadora de la revista de arte y literatura *Nagari*. Vice- Presidente de Katakana editores. Durante diez años codirigió el Taller Creativo de Proyecto Setra en la librería Books & Books. Participó en la selección poética de Miami *La ciudad de la unidad posible* editada por Editorial Ultramar en 2009 y traducida al inglés en 2011, *The City of posible Unity.* Algunos de sus poemas han sido publicados en la Revista Literaria Metaforología, Crear en Salamanca y algunos de sus cuentos en la revista Nagari digital.

Ximena Gómez, colombiana, vive en los Estados Unidos. Psicóloga, traductora. Poemas suyos han aparecido en diferentes medios digitales e impresos, como Nagari, Conexos y Círculo de Poesía. Poemas suyos traducidos al inglés por la autora, en colaboración con George Franklin, se han publicado en versión bilingüe en las revistas Cagibi y Sheila-Na-Gig. La editorial Torremozas de Madrid, España, publicó su libro de poesía "Habitación con moscas".

Ena *LaPitu* Columbié, Guantánamo, Escritora y artista. Licenciada en Filología. Tiene publicados: *Dos cuentos, El Exégeta, Ripios y Epigramas, Ripios, Las Horas, Solitar, Isla, La Luz que conduce a los poetas, Luces, Sepia, Dossier Mireya Robles*, y *13 poetas*. Escribe para el Nuevo Herald, codirige Ediciones *Entreríos* y *Alphabeta*. Blogs
http://elexegeta.blogspot.com
http://enalapitucolumbie.blogspot.com/

Fotografía Germán Guerra

Legna Rodríguez Iglesias (Camagüey, Cuba, 1984)
doblecamino@yahoo.es
Obtuvo el Premio Iberoamericano de Cuentos Julio Cortázar, 2011; y es ganadora del Premio Casa de Las Américas, teatro, 2016, con la obra *Si esto es una tragedia yo soy una bicicleta*. Es autora, además, de varios libros como *Hilo+Hilo*, poesía, Editorial Bokeh, Leiden, 2015; *Las analfabetas*, novela, Editorial Bokeh, Leiden, 2015; *No sabe/no contesta*, cuento, Ediciones La Palma, España, 2015; *Mayonesa bien brillante*, novela, Hypermedia Ediciones, 2015; *Dame Spray*, poesía, Hypermedia Ediciones, 2016; *Chicle (ahora es cuando)*, poesía, edición bilingüe de la Editorial Letras Cubanas, 2016; *Todo sobre papá*, poesía para niños, Ediciones Aguadulce, 2016; *Transtucé*, Editorial Casa vacía, EEUU, 2017; *La mujer que compró el mundo*, cuento, Editorial Los libros de la mujer rota, Chile, 2017. En el año 2016 mereció el paz Prize, otorgado por The National Poetry Series, con el libro de sonetos *Miami Century Fox*, Akashic Books, 2017. La Editorial Alfaguara acaba de publicar *Mi novia preferida fue un bulldog francés*, Narrativa hispánica, España, 2017. Mientras participa en este proyecto un bebé diminuto crece en su barriga.

María Juliana Villafañe es poeta, narradora, guionista, dramaturga y compositora de música popular. Ha publicado los poemarios *Dimensiones en el amor* (Ramallo Brothers Publications, Puerto Rico, 1992), galardonado en Nueva York con el Premio "Palma Julia de Burgos", *Entre Dimensiones* (Editorial Isla Negra, Puerto Rico, 2002), el cuento juvenil *Aurora y sus Viajes Intergalácticos* (Planeta, 2003) y *Volar Sin Alas* (Ediciones Baquiana 2012). www.mariajuliana.com

Fotografía Tino Alonso

Gloria MiládelaRoca. Nacida en Caracas, Venezuela y radicada en Miami, Florida. Poeta y creadora visual de trazos en blanco y negro. Cursó estudios de educación, mención literatura en la Universidad Simón Rodríguez, artes plásticas en la Escuela Armando Reverón de Barcelona, cursos especializados en la Escuela Artes del Fuego Arcam, estudió música clásica en la Escuela de música Ángel Mottola en Vzla., alumna en los talleres de Pedro Barreto, Gladys Meneses, Rafael Hernández e Inca Zabala. Ha participado en exposiciones en Venezuela, Miami, Colombia y España. Poemas suyos han sido publicados en varias revistas digitales como Roja Turbación, Nagari impresa y digital, Revista Rácata, Alcanza Poesía. Desde el año 2009 codirigió el Taller literario y el "Ciclo Interactivo" de conferencias de Proyecto Setra. Es vicepresidente de la Organización sin fines de lucro Proyecto Setra. Directora de Producción y Difusión de la revista impresa Nagari y de las ediciones de Nagari Digital.

Pilar Vélez, poeta y escritora colombiana.
Presidenta de Hispanic Heritage Literature Organization/
Milibrohispano.org. Miembro colaborador de la Academia
Norteamericana de la Lengua Española (ANLE) y
Académica Numeraria de la International Academy of
Social Science. Premio Nacional de la comunicación y el
Periodismo Alfonso López Michelsen (Colombia, 2017).
Tres veces galardonada en el International Latino Book
Awards por sus obras: *El Expreso del Sol* (Primer lugar
Best non fiction / Autobiography Spanish y Segundo lugar
Best Focused book Non Fiction Spanish, 2016) y sus
poemarios *Soles Manchados* (2015) y *Pas de Deux: Relatos
y Poemas en escena* (2014), del cual es coautora. En el
género de literatura infantil, es autora de *Un regalo para
Laura / A Gift for Laura* (Bilingüe, 2017) y *Carta a mis
sueños* (2018). Debido a su trabajo en pro de la comunidad
y el medio ambiente, la Asociación *Pionera de
Escritores, Poetas,* Pintores y *Promotores Culturales* de las
islas Galápagos. "*APEPCI*-GALÁPAGOS" le ha dedicado la
primera biblioteca Ecológica de Isabela, Islas Galápagos,
Ecuador: "*Biblioteca Ecológica Pilar Vélez Zamparelli*" a ser
inaugurada en junio de 2018.

Beatriz E. Mendoza. Barranquilla,
Colombia, 1973. Estudió Comunicación
Social en la Universidad Javeriana y asistió
a talleres literarios en la Casa de Poesía
Silva. Ha publicado cuentos y poesías en
diversas revistas literarias. Hace parte de
las antologías "Rompiendo el silencio,
relatos de nuevas escritoras colombianas"
(Planeta, 2002) y "20 narradores
colombianos en USA" (Editorial Collage,
2017). Publicó el poemario "Esa parte que
se esconde" (Editorial MediaIsla, 2011).

Lidia Elena Caraballo cursó estudios de Historia en la Universidad de Oriente, Cuba. Licenciada en Humanidades y Lengua y Literatura Española por la Universidad Internacional de la Florida; cofundadora del grupo artístico Proyecto Setra y de la revista literaria Nagari que actualmente se publica en Miami, Florida. En 2013 publicó el libro *Ensō*, una compilación de haiku y poemas cortos, y en 2018 el libro de poesía *El corazón y el silencio.* Sus textos han sido publicados en diferentes medios literarios.

Rubí Arana, escritora estadounidense nacida en Nicaragua. Ha publicado los poemarios: *Emmanuel* (Miami, 1987), *In Nomine Filii* (Miami, 1991), *Príncipe Rosacruz* (Antología seleccionada por Rolando Jorge, Miami, 2007), *Homenaje a la Tierra* (Miami, 2008), *Agua Sagrada* (Miami, 2010) y *Rubíes* (Miami, 2016). También ha publicado ensayos.

Su escritura, calificada de esotérica por la crítica, aparece en importantes antologías, revistas y suplementos literarios de México, Colombia, Centroamérica y Estados Unidos. Su labor como promotora literaria *(non-profit)* ha sido extensa: Noche Nicaragüense, con autores venidos de ese país (en la Feria Internacional del Libro de Miami, durante dieciocho años, iniciada en el año 1992 con la lectura del poema "Imprecación", incluido en *Rubíes*), y en talleres como Proyecto Dos, patrocinado por la librería Books & Books de Miami. Su poemario *Emmanuel* mereció un Seminario en la ciudad de Miami en 1989.

COLECCIÓN
péndulo

Aquí[Ellas] en *Miami*

selección de poetas miamenses

Edición al cuidado de:
Gloria MiládelaRoca,
Alejandra Ferrazza
y
Omar Villasana

Para su diseño se utilizaron
Las familias tipográficas:
Times New Roman y Cambria

Miami, FL, septiembre 2018